PLEGARIAS APÓCRIFAS

Sergio Rodríguez Jiménez

COLECCIÓN ITES

PLEGARIAS APÓCRIFAS

© Sergio Rodríguez Jiménez
© de esta edición: Olé Libros, 2025

ISBN: 979-13-87951-12-2
Depósito legal: V-4176-2025
Impreso en España

KALOSINI, S. L.
Grupo editorial olé libros
equipo@olelibros.com
www.olelibros.com

Cuando los dioses quieren castigarnos atienden nuestras plegarias.
MERYL STREEP. ISAK DINESEN – *MEMORIAS DE ÁFRICA*

El hombre no reza para dar a Dios una orientación,
sino para orientarse debidamente a sí mismo.

SAN AGUSTÍN

Septiembre

I

... yo sería aquel que imaginaba...

LUIS CERNUDA

Si no fuera por el fieltro,
si no fuera por el músculo
proscrito con que la causa
expone su espalda insigne,
su gozne de tantos siglos,
de tantas selvas carentes
que no exhiben el rescoldo,
la propia visión sin nombres...,
si no fuera por las dunas,
por la estirpe de insurgencias
en que sueño a cada hora,
a cada noria de especies
blanquecinas que destruyen
el cerebro a los ocasos...,
si no fuera por lo débil,
si no fuera por lo inútil,
si no fuera por las fáciles
nostalgias con que el paseo
de una vida se conmina
a abrir otra catacumba
más extinta, más isósceles,
otra trinchera más fragua,
más rocío, más arrojo...,
si no fuera por la nieve...,
yo abrigaría tu eslora,
tu conciencia de indecisas
amígdalas, tu extravío...,

yo ocultaría tu altar
bajo lo que nunca existe,
yo antepondría tu vértigo
a lo que a menudo alcanzo,
yo untaría tu mirada
alrededor de lo insomne,
alrededor de las cumbres
de un borde casi infinito,
más allá de cien carbunclos,
de mil genomas agrestes,
de un sol de rodajas rudas,
de un mar de barrios acólitos,
de restingas palaciegas,
bajo lo que siempre intento
alrededor del crisol
pretérito de esta tarde
yo hablaría hacia las niñas
casi asombradas que bailan
tras la hoguera de tus ojos,
yo iluminaría el junco
que se agita hacia los túneles
clandestinos de tu espíritu,
yo sería aquel que hierve,
el que reza, el que elucubra
en torno a las cicatrices
esdrújulas de la tierra,
en torno a los labios glaucos
que pueblan tu ciudad de órbitas,
en torno al café inaudito
que tiñe el dolor con faldas
y lo compacto con versos
y la savia con compases
y el camino con conjuros.

II

Hay personas que no vuelan,
que no osan lo suficiente
como para amar al mundo
del mismo modo estentóreo
con que el mundo les ha odiado
a ellas. Es casi un deseo
la dulce esbeltez de octubre
posándose como espátulas
sobre el ladrillo del hombre
mientras la penumbra, que obra
su bagaje y su desánimo
a través de los vestigios
de este paisaje sin ubres,
respira como una urna.
Respira como un desierto.
Como todo entre la arena.
Y es que es penumbra ya todo
lo que brilla hacia los días,
lo que tiende entre las cosas
hacia esos raíles donde
se desliza un corazón
que no responde a su viaje.
Es casi una jungla el agua
opaca que devoramos
cada otoño que nos frustra.
¡Y sí, hay tanta tanta gente
que carece de sendero,
tanta gente que mendiga...!

Navidad

III
EL INDIVIDUO

Y están las infantiles inclemencias, el tallo
prófugo en que se liban los alcores, los óbices
de un comienzo procaz, de un relato sin escorzos
casi al principio, pero que se van invadiendo
a sí mismos. A un mismo tiempo en que los confines
van instigándose, el murmullo de aquel rocío
va imaginando un brote, va brotando en su nube
de vahídos varados, de luctuosas aguas,
de arrugados altares, de flexibles adarves,
de cómo un signo entre lujosas ansias, entre hojas
que al expandirse pueden ver su propia abadía
son al final el corazón de un acantilado.
Y, mientras los insomnios esculpen el recuerdo,
hay insípidas órbitas sobre el horizonte
que no tratan de ser distintas, que no parecen
labios alrededor de una explanada sin bruma,
o redobles transidos de esperanzas sin rostro,
sino solo portales hacia algunas urdimbres,
hacia otras ilusiones que carecen de hiedra.
Y es en esa fugaz traducción del firmamento,
en ese instante casi escoplo, casi redoma,
casi enigma de fe y futura recolección,
en ese enclave donde se suicidan los ángeles,
donde nace el destino frugal de los fantasmas...,
es ahí donde sigue avanzando el individuo,
donde prosigue su discordia y su raíz díscola
y sus arbitrios y sus goznes y sus trazados
y sus pliegues, sus pólizas y sus insolentes
sinestesias. Ahí. Sí, nuestro individuo sigue,

15

tratando que se oiga su rugido imperfecto,
la explosión de su envase, de sus filos melómanos,
mientras alrededor el caos redime y rezuma
sufrimiento a través de blandas constelaciones.

IV

Esto que lees es mi reducto indigno,
mi colección de tétricas almenas,
mi cueva donde el frío se destila,
donde la calma doma lo invisible,
esto que lees no es todo lo que brama,
hay algo que respira fuera, hay alguien
que ignora que le estamos contemplando,
hay un surco después de eso que importa,
hay una nube, un pálido requiebro,
un ritmo proceloso, una restinga
sin sueños que naufraguen, un acopio
de destierros y lutos que se curan,
que nunca se han rendido, ¡que al final
incendian el paisaje sonriendo...!

V

Hoy iré a ver una película de terror.
Tal vez resulte al fin ser la de mi propia vida.
Todos luchamos por salir ilesos del trance,
de la aventura gélida de nuestra inventiva.
El pensamiento se hace nube y la lluvia se hace
raíz de la existencia. Hoy pensaré de nuevo
sobre el acantilado insoslayable de nuestra
propia frase, de nuestro discurso imaginario...,
la perpetua batalla entre lo claro y lo oscuro.
Saldré seguramente del cine antes de tiempo.
No quiero contemplar mi fin demasiado pronto.

VI

Esta ciudad de pómulos candentes y escarcha
convulsa alrededor del aire que se conmueve
prosigue en su destierro, su sed, su sinfonía
de siglos que se inmolan cada pequeña tarde
y cada vez que paseamos hay precipicios
fortuitos en los charcos, en las esquinas sordas,
en los besos erráticos donde la costumbre
queda prohibida hasta esbozar algún sortilegio.

Esta ciudad, poblada de diptongos profusos,
de pavesas en paz, de propósitos sin lluvia,
abarca sin querer lo que algunos horizontes
no han podido expresar del beso que les rodea
y cada vez que paseamos por sus rebozos
hay luz entre los ojos romos de los ancianos,
hay sopor entre dársenas que sollozan frío,
¡hay tanto aroma a Dios en todo lo que se impide...!

VII

¿De qué posible
condición de espuma
carecen todos estos meses,
todas estas mañanas imberbes
que se suceden?,
¿de qué fracaso
retractilado
sorbe sus alas
esta sólida unción sin sedimento,
sin posible mordaza,
que me estalla entre las horas?

Ha tenido que ser así:
de algún modo
todo
se ha visto conminado a deshilarse
de la dúctil manera
en que lo ha hecho.

Solo queda esbozar
mientras el filo del paisaje nos ilumine,
mientras los labios del futuro puedan mecernos,
solo queda esbozar
mientras el surtidor con que estallo cada noche
en cientos de discursos sin sentido
se rompa a su debido tiempo,
mientras la vida no se canse,
solo queda esbozar
una sonrisa interior
hacia el relente de los ámbitos que no nacen.

Enero

VIII

La vida es una jungla.
Pero, entre las mandíbulas de algún
depredador, entre las garras turbias
de ciertas alimañas que asesinen
a tu camada, siempre tienes la exigua opción
de contemplar el borde del paisaje.
¿Cuántas veces debemos combar nuestro horizonte
para que quepa en el contorno del infinito?
De vez en cuando hay promontorios donde el ocaso
encoge hasta brotar entre las nubes
del corazón. Entonces
el destino, por arduo que parezca,
nos enseña a mirar con otros ojos,
con la mirada estremecida del universo.
¿Hay más abismo en levantarse cada mañana
que en recibir un galardón por toda una vida?
¿Qué podemos hacer
si ya solo nos queda
seguir viviendo?
¡Aplaudamos, señores,
celebremos el caos indiferente,
el imperio maldito del dolor,
la fiel supremacía del horror,
el trauma irremediable,
la gran sabiduría de lo abyecto,
los sólidos andamios de lo absurdo,
la brutal sinrazón del sufrimiento!

IX

¡Qué proclive es lo fútil a mecerse en la niebla,
a enamorar a un signo entre desnudas
calandrias, a volver a ser desfile
ahora que todo lo demás respira!
¿Cómo es posible que se dé el silencio
alrededor de dos sonrisas verdes?
¡Qué poco va inmolándose el murmullo
en todos los lugares donde no hay nadie, donde
la entropía de un gesto nunca acaba!
                              ¿Y el baile?
Todos danzan en medio de un aullido, todos
acunan la ciudad con relojes insensatos
que hierven cuando nadie escucha el frío.

X

Hay cosas de las que es mejor no hablar.
No pensar.
No acordarse.
No obsesionarse.
No salir a la calle
medio desnudo
sangrando por los ojos
preguntándose a gritos
cuál es la causa oculta
que convierte a menudo
el mundo en un infierno,
la vida en una excusa,
un verso en esa zanja
donde todos los muertos te sonríen.

Febrero

El horror está ahí...,
revoloteando lentamente en sus labios pálidos,
masticando después su concreción de siglos...
¿Qué pozo irá a brotar con su legado?
Las alas de la tierra auscultan su desabrida
magnitud de recónditas risas masacradas...
El horror...
El horror está ahí...
acechando...

XII

Hubo muchos ruidos de muebles.
Muchos ruidos de muebles.
Muchas sillas volando.
Muchas ventanas quebrándose.

Y finalmente se hizo el silencio.

Un hombre yacía con el rostro sobre una mesa.
Con un cuchillo clavado en un ojo.
Una mujer permanecía sentada a su lado. Fumando.
Un goteo flojo de sangre se precipitaba hasta el suelo.
Las volutas de humo se disolvían en el silencio.

XIII

Tras las fachadas ocres de las calles,
tras la expresión atenta de la gente
y el discurso pausado y el discurrir tranquilo
de las ciudades y los campos malvas
y las llanuras plenas de rocío,
hay filos de conciencia, hay soliloquios
donde uno acaba hablando solo, hay inmediaciones
donde solo lo ácido golpea y hay brújulas
que solo el norte sabe hacia donde se dirigen.

XIV

Querría hablarte de decenas de diferentes
tipos de flores, de diez mil clases de balcones,
querría hablarte de la causa casi insaciable
que mueve el mundo y gira en torno a lo que morimos
cada vez que nos vemos y alzamos la mirada,
querría hablarte, convencerte de que solo eres
lo que sientes, solo eso que perdura en lo mucho
que atravesamos cuando, alrededor de las cosas
bellas, hay un vacío que vierte su sordina.

Querría hablarte, pero solo sangra mi voz.
Solo sangra mi paso por el mundo, tan solo
sobrevivo sangrando hacia un horizonte mudo.

XV

Escribir es un nudo permanente.
Constantemente maniatar para seguir siendo
un perpetuo esperpento que resbala sin grupas
por cauces que carecen de tormenta.

Escribir es un beso insoslayable,
un ósculo indeleble cuya sola sonrisa
serpea por motivos y designios espurios
a través de recónditos ropajes.

Escribir es un vino contumaz
para que alguien que no responde al fin te pregunte
cuál es la gris razón de emborracharse ya juntos
alrededor de un juego indiferente.

XVI

Continúa la vida. Continúa.
Y no sé. Desconozco. Más allá
solo hay andamios imposibles. Vértigos
que entronizan con causas las esclusas,
racimos hacia un ritmo sin recodos,
vórtices casi ilusos, casi atávicos
entre el cauce sonoro de la niebla.

Mientras, las calles sedimentan cumbres
donde nada responde a lo que escucho,
hay malecones al final del aire
cuando todo respira hasta los bordes.

¿Qué significa el porvenir del frío?
¿Cuál es la frase marginal del día
en que todos al fin nos encontramos?

XVII

¿Cuál es el surco sucesivo de las ciudades?
¿Dónde se siembra su brillo?
Si estoy en la terraza de un café
hibernando en sus diques,
brotando de su estar esférico,
¿cuánta falta hará su sombra,
su despiece irónico,
su desplome de insignes dentelladas?
¿Hasta cuándo su cauta iridiscencia,
su quietud sin becuadros ni resúmenes?
Hay algo extinto en toda adecuación,
en toda gélida añoranza de sinfonías
invencibles,
ávidas,
intermitentes...
Pero la ciudad,
la ciudad sigue
pulsando, elucubrando...

XVIII

¿Qué hay que hacer para ser alguien,
para abrazar el mundo, para hollar la materia
redonda que rodea la muerte, la distancia
en que equidista el cuenco puro de la abadía
ciega donde se nutre el promontorio,
la aparente ladera de estas tardes
casi insondables...?
¿Qué hay que hacer para ser redoma, albatros
mudo o rocío ya carente de multitudes?
¡Sí, ya estamos dispuestos a esculpir nuestro nombre,
a ahondar en nuestra forma de blandirnos!,
¡estamos preparados para la lucha insigne
de seguir vivos...!

XIX

¿Qué vale nuestra vida?
¿Alguna esquela de periódico, algún insomnio
de gente más o menos conocida?
¿Cuánto importa lo que hemos sostenido
a lo largo de nuestra trayectoria?
¿Da lo mismo el fracaso que la gloria?
¿Seguir luchando y... para qué?
¿Qué deseas, Señor, de nuestro esfuerzo,
de nuestro sinvivir, de nuestra angustia?
Sí, ¿para qué la vida misma?

Marzo

XX

Estas gotas de lluvia esparcidas por la mesa
me sugieren que nunca ya brotará lo mismo.
La ingravidez del centro comercial se equipara
a esa raíz que quiero acoger en mi costado.

Nuestra flor es lo único que me importa. Luego
roto hacia la mitad de un día que se repite,
hacia una tarde que deslumbra en su quietud fría.

Como un acantilado en el medio de una fiesta,
como una luz rotunda en el nido de la nada

paseo con mis sueños ciegos hacia el vacío.

XXI

Antepondría todos mis fracasos
a un día en que no alcance a enamorarte.
Así soy de mezquino e integrista.
Por lo demás, camino sin burbujas
por la senda inasible que me ha sido
inoculada desde que era un viejo,
desde que algún anciano me auscultaba.

Antepondría todos nuestros pasos
a una noche en que brille lo insaciable.
Así soy de destierro y abrasivo.
Por lo demás, camino sin augurios
por la orilla inclemente que me otorga
el horizonte, el borde del sendero
desde el que algún tamiz se atreva a oírme.

XXII

Todo un fiel porcentaje
de mi sombra
se debe a lo que siempre ha sonreído
más allá de razones insepultas.

Toda una lontananza, casi débil,
sorbiendo de mis propios ojos (glabros)
se debe a lo que a veces se descuelga
alrededor de púlpitos convulsos.

Y sí, pero al final se mitifica
y se esculpe y se bebe de perfil
y se pondera en multitud de embozos
y se abstiene de ser dibujo o rezo
o astilla o expresión de sibilina
palidez sin rastrojos, sin turgentes alegatos
o dignas altitudes hacia un leve
o gris remordimiento de las cosas
que siempre nos sorprenda... ¡Inmarcesible!
¡Pretérito imparcial! ¡Hacia el vacío!
¡Hasta un brillo por hábitos salobres!
¡Sobre lo que jamás se siente albatros!

XXIII

Puede que no haya voluntad sin prendas,
o que no haya rocío sin preguntas,
o que no existan ubres sin silencio,

puede que no haya esfuerzo sin revoco,
o que no haya inframundos sin palacios,
o que no exista un giro sin retinas,

pero puede que dancen las historias,
que pululen los ritmos tras lo oscuro,
que escampe algún altar al firmamento,

pero puede que insista lo tardío,
que se decante el frío de la bruma,
que se arroje el dolor por una estancia,

porque nada hay que frustre lo invisible,
que colme de materia los detalles,
que limpie de deseos nuestra cumbre,

porque todo se comba hacia la inercia,
hacia los romos hábitos del mundo,
hacia el rencor azul del universo.

Abril

XXIV

Ahora solo nos queda vivir, solo
nos queda respirar hasta quedar
absortos de tantísimas respuestas
a ninguna pregunta. Ya ninguna.

Ahora solo nos queda imaginarnos
desnudos al final de una borrasca,
al final de una estirpe que traduce
y que vibra y que escinde y que no importa.

No importa nuestro frágil corazón,
nuestros ojos henchidos ya de heridas
como surcando océanos inmóviles,
sí, como atravesando brunos séquitos.

Porque somos tejidos abismales,
somos notas de aquellos pergaminos
con que rezaron nuestros ascendientes,
somos música insomne, somos sed celeste.

XXV
ESPIRAL BÍFIDA

Desde que fuerzo mi esperanza a abrirse
como un fiel abanico incandescente,
como un sonido espeso hacia los márgenes
de lo que a veces pienso, y a menudo
extingo, disminuyo, vuelco, indago...

Desde aquellas inocuas certidumbres
en que nuestra conciencia se arrugaba
como un destino a punto, casi a punto
de ser poema indigno ya de nuevo,
de volver a agobiarse entre sí mismo...

Desde que me alimento de derrotas
prohibidas, de recuerdos que no somos,
de presidios que ocurren y que nunca
vacilamos en ver con otra orilla...

Desde los insaciables horizontes
que hay gente que contempla entre banderas,
entre designios de repente humanos,
lisos y, sin embargo, inapreciables...

Desde la lisonjera inanición
del aire inoculando lo que siente
a través de portales onerosos...

Desde que acreciento el desarrollo
brutal de tu ordenanza tuberosa
y no hay nadie que escuche mi hortaliza...

Desde que la penumbra respiraba
más allá de rotores infinitos,

desde donde sostengo, ya becuadro,
por hastiales los bentos de tu efigie,

desde cuanto yo ignoro y necesito,
desde las arras y las horas tiernas,
desde eso ya propósito,
desde lo insuficiente,
desde el cariño,
desde un día,
desde...
desde.

XXVI

Solo porque haya océanos de ideas
bailando alrededor de mi esperanza
no significa que tu voz latente
vaya a abrigar el dolor del día.

Solo porque haya piélagos de instintos
bajo una cruz alrededor del aire
no significa que el altar del viento
vaya a vencerse mientras te desnudas.

Solo porque haya surcos en lo oscuro
de las cosas que veo más allá
no significa que la incertidumbre
zozobre hasta un final sin cicatrices.

Solo porque haya vértigo en la cima
de las tardes vacías en que escondo
tus sueños, eso nunca significa
que vaya a rodearte con mis ojos.

XXVII

Envejezco. Y hay súcubos que incendian
las ruinas de las tardes olvidadas
y el humo va esbozando cicatrices
entre las nubes cárdenas. Y el aire
copula como si tuviera prisa
por morir. A lo lejos puede verse
el rostro de esas sombras que quizás
no recuerden su nombre. Todo ocurre
casi invariablemente. Los candados
se cierran y los labios de las puertas
envían besos casi coagulados
antes de abrir sus cálidas entrañas
a los políticos que pasan grises
por la calzada fiel del firmamento.

Envejezco. Y hay vértices vacíos
a lo largo de campos y ciudades
donde lo esencial es hallar esclusas
para achicar ya tanta incertidumbre
colándose por todos los minutos
de los que carecemos antes, justo
antes de fallecer. Por avenidas
traslúcidas se puede contemplar
cómo vagan las noches en que no hemos
podido conciliar nuestra jornada
visceral con el resto de la niebla.
Hay monitores que no avisan cuando
hay muerte más allá de la locura.

Envejezco. Y hay cientos de canciones
estrellándose al borde de los ríos
donde se baña el estertor del día
cuando aún finaliza entre tus ojos.
Y hacia el albor brutal de tu mirada
se encaminan palabras impacientes
por recorrer la sed del universo,
por mostrar la obsesión de lo que espera,
por hacer brotar algo del desastre
que no sea del todo mío o tuyo,
sino de aquel que pueda descubrir
aquello que no puede descifrarse.

Envejezco. Y hay tétricas redomas
envolviendo las nubes y los páramos,
insistiendo en que no hay altar más leve
que la lluvia después de tu sonrisa.
Porque lo frágil siempre fue un redoble
de la vida, del tiempo, de las ubres
agrestes donde crece el horizonte,
donde la calma incendia su arrecife,
su cuerpo horizontal, su compasión
henchida de rugosos sortilegios,
de compases ahorcados, de su música.

Envejezco. Y hay templos casi tácitos,
casi líquidos, donde el rezo oscuro
entre las cosas se abre como el agua
entre flores del alma, entre los árboles
de un bosque cuyo único secreto
es haber sido carne del olvido,
cosecha de la ausencia, y alegato
de la luz contra el rostro de la muerte.
Y se escuchan aullidos en el fondo
de las cosas que nunca se imaginan.

Envejezco. Y hay órbitas grumosas
al final de los golpes que imagino
y las diaclasas dignas que supongo
brotan de la estación que se coagula
más allá de tentáculos adversos.
Mientras la muchedumbre no digiera
que hay un cambio perpetuo e insolente
en cada puerta, en cada sed y en cada
charco, el alba será siempre distante.

Envejezco. Y hay goznes mutilados
blandiendo sus perennes horizontes
entre los genes y los pergaminos
que se desplazan por encima, ungiendo
sobre los que se quedan de pie un muro
que no deja pasar después de un día
o una tarde fugaz eso que vierte
rescoldos a través de nuestra noria.

Envejezco. Y hay sueños que no existen
propagándose por inmensidades
tuertas, por advertidas lontananzas,
por lagos cuya superficie es libre
de perpetrar delitos, de ver lunas
en vez de ancianas silenciosas, siempre
y cuando lo que admiren sea un crimen.

Envejezco. Y hay sólidas estancias
donde se va abrigando la cocción
de la naturaleza entre tus venas,
entre los filtros glaucos de mi sed,
hacia patios de pájaros y flores,
hacia pantanos en que el gozo es magma.

Envejezco. Y hay limbos sin motores
y rugen como si no hubiera frío
bajo los sueños, como si no hubiera
fricción bajo el ocaso de los párpados
o dolor tras el ímpetu del viento.

Envejezco. Y hay roces hacia cúlmenes
impropios de gobiernos sin matices,
de salarios sin pan ni emperatrices
ni genética simple ni compacta.

Envejezco. Y hay pátinas que liban
su polen vertical, sus rezos verdes,
su población hacia un perfil de sangre.

Envejezco. Y hay trece ritos yertos
sobre un musgo de estrépitos calientes.

Envejezco. Y hay máquinas de lirios.

Envejezco. Y hay labios.

Y... envejezco.

Mayo

XXVIII

No tengo nada que decir ahora.
Las calles van aunando su cordura.
Los rostros fagocitan su destierro.
Hay imágenes cojas que destinan
lo que no aman a huecos sin retorno.
Sin posible zozobra. El mediodía
vacía su inquietud tras los portales
donde se empapan siempre las penumbras.
Y todo es un bagaje entre semillas
que florecen apenas cuando nadie
se atreve a contemplarlas. ¿Cómo brota
la multitud abstracta que nos une?
Y es un esbozo de recelo el aire
y el viento y la tormenta que se cierne
sobre las almas que descifran tarde
el barbecho del tiempo y su melena
desplegándose al filo de la noche.
¡Qué poco es simplemente ver el cielo
y cuánto es sin ambages contemplarlo!

XXIX

¿De qué no soy yo fragua, estadio innato
o misiva repleta de retamas?
¿De quién no soy yo lirio solitario,
animal vagabundo o vestimenta
inadecuada para la ocasión?
¿Para qué tú y tu ápice deshecho,
tu casi umbral de curvas invasoras,
tu cónclave conmigo, con mi exégesis,
para qué tu rocío entretejido?
Porque todos estamos faltos de alguien,
de su chal, de su sien, de su jolgorio.
Porque todos estamos faltos de algo,
de su café, de su destino imberbe,
de su falda incolora, de su gleba,
de su pardo cabás y su desdicha
y su océano frito y macilento.
Y, si Dios nos esculpe tan carentes,
¿qué podemos hacer con nuestra hogaza,
con nuestro indigno ramo de jacintos?

XXX

Todo gira.
Todo prosigue
su eterna longitud de precipicios,
su proclividad dúctil, su denuedo
inconsciente, su roma exactitud
sin besos que la afilen.
¿Y qué podemos ver y qué podemos
hacer para que el ritmo del dolor
sea martirio uno en vez de dos,
sea vacío tres en vez de cuatro,
sea menos color cárdeno entre los pretéritos?

XXXI

¿Cuándo sabré lo que la muerte importa,
lo que la luz oculta, lo que el alma
de las cosas destila mientras tanto?

¿Cuándo sabré lo que el dolor traduce,
lo que descifra un corazón que calla,
lo que vibra un pretérito en silencio?

XXXII
Rutina

Todos estamos destinados al matadero.
Mientras, podríamos tomar un té.
Podríamos beber hasta quedar
tendidos en la playa del recuerdo.
Mientras, el sol se pone por las tardes
en que uno escribe y sigue y continúa
estando y perpetúa así el legado
de los esclavos destinados al matadero.
¿Qué podemos hacer para variar
el rumbo inextricable de la vida?
No hay nada, nada que se pueda hacer
para quebrar la noria de los días,
de la sed y del norte del deseo.
Mientras, vayamos a tomar un té.

XXXIII

Al presidente del gobierno le falta un brazo.
El alcalde padece agorafobia.
El delegado de la comunidad escucha voces
persecutorias.
Al consejero le ha salido
un panadizo en la lengua.
El director adjunto no descansa
por las noches.
La secretaria del rector es tuerta.
La nueva jefa del departamento
tiene un hijo en la cárcel por cleptómano.
Al mejor escritor de nuestra generación
su mujer no le aguanta sus silencios,
su forma de tocarse la entrepierna.
La sobrina del duque
ignora cómo erradicar
su obsesión por el sexo fuera del matrimonio.

XXXIV

El brillo de la lluvia
sobre la tumba vocifera
que no habrá más momentos que los últimos.
La expresión contumaz, sin luz, de mi calavera
te grita que tan solo estuvimos aquí para amarnos.
El alarido de la verja indica, al cerrarse,
que ya no me traerás más flores.

XXXV

¿Qué época sonora no habrá al fin,
más allá de las vértebras de Dios
o de los arrecifes sin océano
que se explayan al lado de tus curvas?

¿Qué virtud átona o talud decrépito
se expande por los tubos, por las máquinas
porosas de tu cuerpo, por las fases
en que la luna no recuerda nunca
qué oprobio debe reflejar su rostro?

Y es que es una batalla selectiva,
una conciencia de burbujas, casi
un margen que no ve su superficie
esta tarde de mayo ya tardío
en que los corazones se diluyen
como galletas entre dados lácteos.
Porque la suerte no golpea siempre
la lencería turbia del paisaje,
sino el valor de aquella muerte indigna
que divaga por húmeros baldíos.

¿Y... qué genuflexión?, ¿y qué irrisoria
sucesión de deseos capitales
va más allá de una deshonra múltiple
y se escuda en dolor intrascendente
para llegar a la mitad de un borde?

Doy gracias. Hoy doy gracias a mis ojos
por evitar la luz cuando converja,
por bordar un altar en torno al mundo.

Junio

XXXVI

Ignoro la elegía de ninguno,
la alocución de nadie que trascienda,
desconozco el recodo sin que baile,
el púlpito venido a ser de siempre,
la algarabía al ser de otra balanza...
y sí, es que no me agrada lo perfecto,
lo que nunca parece que recicle
su portada de efectos indecisos,
porque la incertidumbre es ya baliza
que elude el oleaje persuasorio
y así las llantas van aproximándose
a ese lugar de comodoros glaucos
donde la bruma calla si confunde
y el bosque se diluye entre las risas.

XXXVII

Porque jamás es un portal de nieve
y a veces un resuello ya arenoso
y quizás una esquina ya sin rumbo
y siempre algún recodo alrededor
de lo que un día nadie ha comprendido.

Porque después es un alcohol con rabia
y más tarde una tarde sin deseos
y a menudo un ejército en tinieblas
y en el fondo algún óbice de nubes
que reina más allá del ostracismo.

¡Qué difícil! ¿Es siempre tan difícil
explicarse, expresar lo que uno quiere
a través de monótonas, agraces
sinfonías de estirpe tan callada,
a través de monóculos vencidos?

XXXVIII

El brillo en las fachadas por el alba,
el giro pasional de algunos ventiladores,
la luz y lo perpetuo haciéndose con el día,
el paseo con gente que te aprecia...,
no sé, son gritos al final de una nada enorme
que se extiende por todo el altar de la ciudad.

XXXIX

Vacío.

Y es que el vacío forra con alumnos
la lentitud del mundo y con manteos
la claridad del cierzo y con materia
la longitud del ritmo y con desidia
la gélida conciencia de sí mismo.

Porque la sombra del vacío cubre
la esperanza con logros diferentes
y el designio con ávidos retoques
y lo distinto con arbitrios tuertos
y el alma con oníricas rotondas.

Porque quizás es blando lo que espera
ya después eso que acicala el mundo
y ya más tarde lo que muele el agua
y antes lo que refleja nuestra espiga
y al final lo que es mérito del fuego.

XL

¿Que cómo agradecí lo que me has dado?
Pues rasgando de mí gloriosos vientres
y acercando sus grupas a un espejo,
colocando el asomo tras el sigo
y el incremento tras las dos en punto,
más allá... ¡cómo fuera yo a arrugarte!

¿Que cómo va a aflorar lo que se acaba?
Pues aguardando a que después esconda
sus ojos la vejez del universo,
blandiendo el quehacer tras una espiga
y el fundamento tras las seis y media,
y al final... ¡cómo yo me atrevería!

¿Que dónde se gobierna eso que ocultas?
Pues al fondo de un fleco y un escorzo
y un algoritmo insípido y un golpe
y una alquimia inmanente y una balsa
que cruce el corazón y lo desate,
¡que pervierta el sendero del asombro!

ÍNDICE

SEPTIEMBRE

NAVIDAD

ENERO

FEBRERO

MARZO

ABRIL

MAYO

JUNIO